NUESTRO GOBIERNO

EL VICEPRESIDENTE

Sara Cucini

LIGHTBOX
openlightbox.com

LIGHTBOX

Entre a **www.openlightbox.com** e ingrese el código único de este libro.

CÓDIGO DE ACCESO

LBXZ3495

Lightbox es una completa solucióndigital para enseñar y aprender temas curriculares de una manera original e innovadora. Lightbox se basa en las Normas Curriculares Nacionales.

OPTIMIZADO PARA

- ✓ TABLETAS
- ✓ PIZARRAS ELECTRÓNICAS
- ✓ COMPUTADORAS
- ✓ ¡Y MUCHO MÁS!

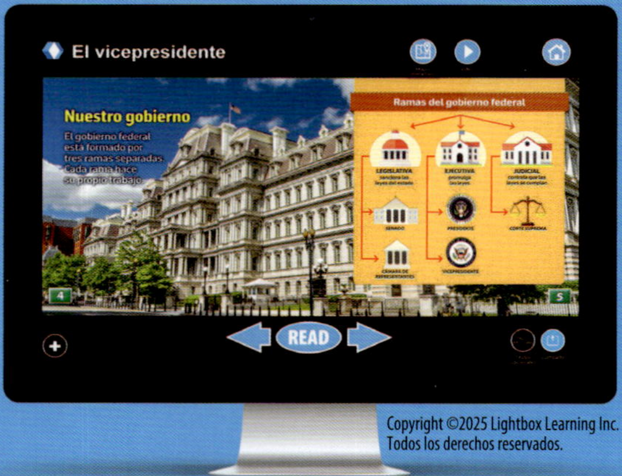

CARACTERÍSTICAS ESTÁNDAR DE LIGHTBOX

- **AUDIO** Narraciones de alta calidad con sistema de texto a voz
- **VIDEOS** Videoclips de alta definición incorporados
- **ACTIVIDADES** PDFs imprimibles que pueden enviarse por correo electrónico y calificarse
- **ENLACES WEB** Enlaces cuidadosamente seleccionados con recursos seguros para niños
- **PRESENTACIÓN EN DIAPOSITIVAS** Ilustraciones gráficas de los conceptos clave
- **MAPAS INTERACTIVOS** Mapas interactivos e imágenes satelitales aéreas
- **CUESTIONARIOS** Diez preguntas de elección multiple con puntaje automático que se envían por correo electrónico al docente para su evaluación
- **PALABRAS CLAVE** Combinación de los conceptos clave con sus definiciones

RECURSOS SUPLEMENTARIOS

- **COMPARTE** Comparte títulos dentro de tu Sistema de Gestión de Aprendizaje (LMS) o Sistema de Circulación de Bibliotecas
- **CURRÍCULO** Encuentre correlaciones curriculares Nacionales y Estatales.
- **CITAS** Crea referencias bibliográficas siguiendo los estilos de APA, CMOS y MLA

VIDEOS

ENLACES WEB

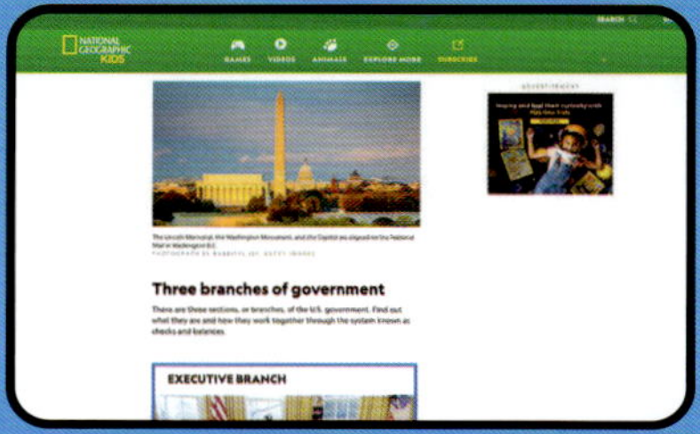

PRESENTACIÓN EN DIAPOSITIVAS

CUESTIONARIOS

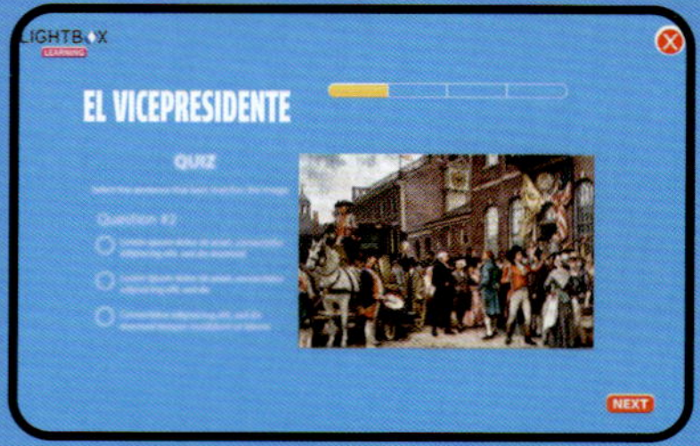

Este título está incluido en nuestra suscripción digital de Lightbox

2

Suscripción en español de K–5 por 1 año

ISBN 978-1-5105-5935-6

Accede a cientos de títulos de Lightbox con nuestra suscripción digital.
Regístrate para una prueba **GRATUITA** en **www.openlightbox.com/trial**

Se garantiza que los componentes digitales de este libro estarán activos por al menos cinco años desde la fecha de publicación.

NUESTRO GOBIERNO

EL VICEPRESIDENTE

Contenidos

Nuestro gobierno

El gobierno federal está formado por tres ramas separadas. Cada rama hace su propio trabajo.

Ramas del gobierno federal

LEGISLATIVA
sanciona las leyes del estado

- SENADO
- CÁMARA DE REPRESENTANTES

EJECUTIVA
promulga las leyes

- PRESIDENTE
- VICEPRESIDENTE

JUDICIAL
controla que las leyes se cumplan

- CORTE SUPREMA

¿Quién es el vicepresidente?

El vicepresidente de los Estados Unidos forma parte de la rama ejecutiva. El presidente es quien está al mando de esta rama. El vicepresidente es el segundo al mando. Esto significa que, si el presidente ya no puede ejercer su cargo, el vicepresidente ocupa su lugar y se convierte en presidente.

¿Qué hace el vicepresidente?

El vicepresidente ayuda al presidente asesorándolo en cuestiones importantes. El o la vicepresidente trabaja junto al presidente para tomar decisiones que afectan a todo el pueblo de los Estados Unidos. El vicepresidente también es el presidente del Senado.

La historia de los vicepresidentes

El primer vicepresidente fue electo en 1789. Por muchos años, los vicepresidentes formaron parte de la rama legislativa. Trabajaban con el Senado. Los vicepresidentes pasaron a ser parte de la rama ejecutiva en el 1900.

En qué fueron primeros estos vicepresidentes

John Adams

Fue el primer vicepresidente de los Estados Unidos desde **1789** hasta **1797**

Geraldine Ferraro

Fue la primera mujer en postularse para el cargo de vicepresidente, en **1984**

Kamala Harris

Fue la primera mujer y la primera afroestadounidense en ser electa vicepresidente, en **2020**

¿Quién puede ser vicepresidente?

Hay tres requisitos para ser vicepresidente. Quien quiera ser vicepresidente, debe cumplirlos.

1 Ser ciudadano estadounidense nacido en los Estados Unidos

2 Ser mayor de 35 años

3 Haber estado viviendo en el país por 14 años seguidos, como mínimo

La elección del vicepresidente

Cada cuatro años, el pueblo estadounidense vota para elegir al presidente y vicepresidente. Cada persona que se postula para presidente elige a su compañero de fórmula. Si ganan, esa persona será el vicepresidente.

Dos oficinas

El vicepresidente tiene oficinas en dos edificios. Una está adentro de la Casa Blanca. La otra oficina está adentro del edificio de oficinas ejecutivas Eisenhower.

1650 17th St NW La dirección del edificio de oficinas ejecutivas Eisenhower en Washington, DC

662 598 pies cuadrados La superficie total del edificio (61 557 metros cuadrados)

900 La cantidad de columnas exteriores del edificio

En el Senado

El vicepresidente puede presidir las reuniones del Senado. Normalmente, no participa de las votaciones, pero a veces las votaciones terminan en un empate. En ese caso, el vicepresidente emite su voto decisivo.

EL SENADO DE EE.UU. EN CIFRAS

100
La cantidad de senadores, dos por cada estado

1789 El año en que se reunió el Senado por primera vez

299 La cantidad de votaciones empatadas definidas por el vicepresidente hasta julio de 2023

Representando al presidente

El vicepresidente suele viajar por todo el país para reunirse con la gente. Da discursos en nombre del presidente. El o la vicepresidente también viaja a otros países para representar al presidente en reuniones importantes.

¿Qué has aprendido?

El vicepresidente de los Estados Unidos es el segundo al mando de la rama ejecutiva.

El vicepresidente asesora al presidente en cuestiones importantes.

El primer vicepresidente fue electo en 1789.

El vicepresidente puede presidir las reuniones del Senado.

El vicepresidente representa al presidente en todo el país y alrededor del mundo.

VICE PRESIDENT OF THE UNITED STATES

Published by Lightbox Learning Inc.
276 5th Avenue, Suite 704 #917
New York, NY 10001
Website: www.openlightbox.com

Library of Congress Control Number: 2024933202

ISBN 978-1-5105-8559-1 (hardcover)
ISBN 978-1-5105-8558-4 (static multi-user eBook)
ISBN 978-1-5105-8556-0 (interactive multi-user eBook)

Printed in Guangzhou, China
1 2 3 4 5 6 7 8 9 0 28 27 26 25 24

072024
112023

Designer: Jean Faye Rodriguez
Layout: Ana María Vidal
Project Coordinator: Sara Cucini
English/Spanish Translation: Translation Services USA

Every reasonable effort has been made to trace ownership and to obtain permission to reprint copyright material. The publisher would be pleased to have any errors or omissions brought to its attention so that they may be corrected in subsequent printings.

The publisher acknowledges Alamy, Getty Images, Shutterstock, and Wikimedia Commons as the primary image suppliers for this title.